❖対訳でたのしむ❖

砧《きぬた》

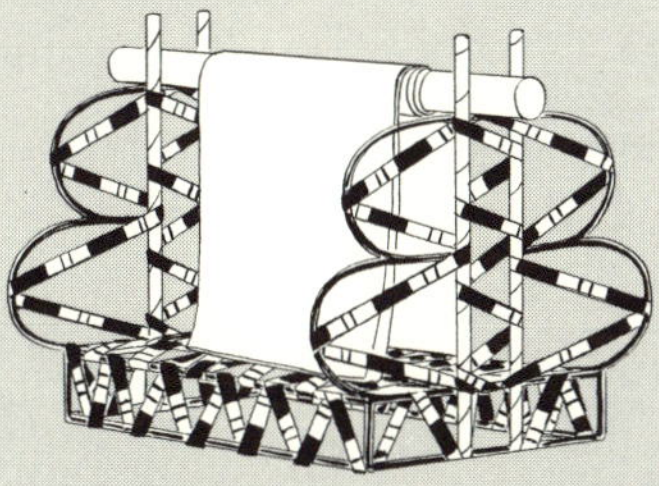

檜書店

目次

舞台図（松野奏風筆）、及び下段の詞章（能の台詞）は観世流謡本によった。

砧（きぬた）

三宅晶子

〈砧〉（きぬた）

九州芦屋（福岡県遠賀郡芦屋町）の領主、芦屋の某《なにがし》（前ワキ）は、個人的な訴訟のために都に上り、三年目を迎えた。無沙汰をしている芦屋の本邸のことが気になり、侍女の夕霧（ツレ）を使いに出す。

故郷では芦屋の某の妻（前シテ）が、夫から音沙汰が無いことを気に病み、ふさぎ込んでいた。そこへ到着した夕霧に、妻はなぜ便りをよこさなかったのかと詰《なじ》り、一層憂いに沈んでしまう。折から、冬支度のために打つ砧の音が聞こえてくる。妻は、蘇武《そぶ》の故事（《この能の魅力》参照）を思い出し、自分も砧を打って心を慰めようと思う。北国に囚われていた蘇武と違って夫は東の方角の都に居るのだから、西から吹く秋風なら砧の音を夫の元まで運んでくれるにちがいないと、秋の夜長に砧を打ち続ける。七月八月九月と季節はめぐり、また都から便りが届く。今年の年末も帰国できないとの知らせに、妻は夫の心変わりを確信し、生きる気力を失って、ふとした風邪がもとで、亡くなってしまう（中入）。

芦屋（後ワキ）は妻の急死の知らせを受け急ぎ帰郷、供養する一方で梓弓《あずさゆみ》に掛けて妻の霊魂を呼び出す。邪淫地獄に堕ちてやせ衰えた妻の亡霊（後シテ）が姿を見せ、地獄の責め苦の辛さを訴え、夫に対して恨み辛みの全てをぶつけるのだった。

しかし芦屋が読誦した法華経の力と、生前万感の思いを込めて打った砧の音に、仏果を得る機縁となる心が含まれていたので、妻は成仏できるのであった。

《この能の魅力》

世阿弥は、〈砧〉について「かやうの能の味はひは、末の世に知る人有るまじ」（『申楽談儀』）と語っている。「末の世」が当時か後代か不明だが、難曲と考えていたようだ。長く謡だけ伝えられ、江戸中期に復曲されて現在に至る。

「擣衣《とうい》」とは、布を砧（布を打つための木の棒や木槌）で打って艶を出し、柔らかくすることで、冬支度のために世界各地で行われた。漢詩に多い題材だが、日本でも『和漢朗詠集』『新撰朗詠集』などに採録される。平安末から鎌倉初期の頃、蘇武の故事と擣衣が重ねられ、和歌を中心とする文芸的な世界において好まれたらしい。『漢書』で有名な蘇武は、遊牧民族の匈奴《きょうど》に十九年間拘束されていた。日本では『平家物語』巻二「蘇武」に、蘇武が旅雁に付けた文が漢王の手元まで届いたと紹介されている。妻子の打った砧の音が届いたというエピソードは、『和漢朗詠集私注』（平安末成立）の「八月十五夜」（公乗億）の注に「蘇武胡地久居以不帰、其妻毎秋擣衣、為以待夫」と紹介されている。『後拾遺和歌集』以後の勅撰集には、秋下の巻に擣衣を題材とした歌群があり、それらは砧の音と秋の夜の淋しさや恋しい人への想いが重ねられている。

世阿弥は「擣衣」の持つ豊かな文芸的背景を利用して、「飽き」に通じる秋の季節感と、砧を打ち続けるシテの心象風景をダブルイメージで描いている。様々な歌語や、歌や漢詩を想起させる言葉の連続は、現代語訳的、散文的な意味の限定を拒否するような象徴的表現である。イメージはすんなり理解できる美文体の謡だが、それらの言葉が背負っている特別の世界を知らないと、どうしてその言葉がそこにあるのか理解は出来ない。だから難しい曲だと、世阿弥は言ったのかも知れない。ともあれ、この曲は一筋縄ではいかない名文だが、それを感じさせないほどに巧みに、詞章が作られている。

【作者】 世阿弥。

【題材】 漢書・蒙求・平家物語などにみえる「蘇武の故事」と、『和漢朗詠集』などに所収される漢詩や和歌に詠まれた様々な「砧」の詩歌やそれに関する注釈。

【場面】

前場　（前半）京都、芦屋の某の住居。秋のある日

（後半）筑前の国芦屋の里、芦屋の某の本邸。数日後のある日、夕方から夜半。更に二ヶ月余過ぎた晩秋。

後場　同所。百日ほど過ぎた春のある日

【登場人物】

前シテ　芦屋の某の妻（面、深井）

後シテ　芦屋の某の妻の亡霊（面、泥眼・痩女）

ツレ　侍女・夕霧（面、小面）

前ワキ　芦屋の某

後ワキ　同人

アイ　下人

1

芦屋の某・夕霧の登場　芦屋（前ワキ）は、訴訟のため三年在京しており、郷里のことが心配なので夕霧（ツレ）を使いに出すと状況説明し、年末には帰る由を言付けて、夕霧を妻の元へ送り出す。夕霧は必ず暮れには帰ってくれと言い残し、出立、程なく芦屋の里に到着し、案内を請う。

ワキはツレを従えて登場し、名乗った後中央に出て、常座《じょうざ》のツレに帰郷を命じると、橋掛りを通って退場する。ツレは［上ゲ歌］を謡い、芦屋までの移動の様子を見せた後、芦屋に到着して、揚幕の方に声を掛けて、後見座《こうけんざ》に控える。

喜多流では前ワキが登場せず、ツレの［次第］「旅の衣の遙々と、旅の衣の遙々と、芦屋の里に急がん」で始まる。その後［名ノリ］で、喜多以外ではワキが行う説明をして、［上ゲ歌］へと続く。諸流、［名ノリ］［問答］部分に小異がある。

〔名ノリ笛〕　静かで叙情的な笛の演奏につれて、芦屋と夕霧が登場する。

芦屋　私は九州芦屋の領主某でございます。私、自分から訴え出た訴訟があって、都に滞在しております。ちょっとした在京のつもりでしたが、今年で三年になってしまいました。とても国もとのことが心配ですので、召し使っております夕霧と申す女を帰そうと思います。

芦屋　これ夕霧、とても国もとが心配ですから、お前を帰郷させましょう。今年の暮れには必ず帰るつもりであることを、上手く伝えてください。

夕霧　そういうことでしたら、すぐに帰郷いたします。きっと今年の暮れにはお帰りください。

（芦屋は退場し、夕霧は旅立ちの様子で）

夕霧　この程の旅の日数も重なり、いったい幾度の夕暮れ時に、宿を取ったことだろう。枕に結ぶ仮

〔名ノリ笛〕

［名ノリ］

ワキ〽これは九州《キウシウ》蘆屋《アシヤ》の何某《ナニガシ》にて候《ソオロ》、我自訴《ジソ》の事あるにより在京《ザイキヨオ》仕りて候、仮初《カリソメ》の在京と存じ候へ《ソオラエ》ども、当《トオ》年三年《ネンミトセ》になりて候、余りに故郷《フルサト》の事心もとなく候程《ソオロオ》に、召し使ひ候《イ》夕霧《イウギリ》と申す女を下《クダ》さばやと思ひ候

［問答］

ワキ〽いかに夕霧、余りに故郷《フルサト》心もとなく候程に、おことを下《クダ》し候べし、この年《トシ》の暮《クレ》には必ず下《クダ》るべき由心得て申し候へ《ソオラエ》

ツレ〽さらば軈《ヤガ》て下《クダ》り候べし、必ずこの年の暮には御下《オンクダ》りあらう《ロオ》ずるにて候

［上ゲ歌］

ツレ〽この程の、旅《タビ》の衣《コロモ》の日も添ひ《ソイ》て、旅の衣の日も添ひ《イ》て、幾夕暮《イクイウグレ》の宿《ヤド》ならん、夢《ユメ》

寝の夢も数を添える。そんな旅の一夜を明かし、また旅を続けるうちに、はやくも芦屋の里に着いたのだった。

夕霧 道中急ぎましたので、もう芦屋の里に着きました。すぐ案内を乞おうと思います。

夕霧 もうし、どなたかいらっしゃいませんか。都から夕霧が来たとお取り次ぎください。

も数《カズ》そふ《オ》仮枕《カリマクラ》。
明《アカ》し暮《クラ》して程《ホド》もなく、蘆屋《アシヤ》
の里《サト》に着きにけり、蘆屋の
里に着きにけり。

［着キゼリフ］
ツレ〽急ぎ候程に、蘆屋の里に
着きて候、軈《ヤガ》て案内《アンナイ》を申さ《ソ》
う《オ》ずるにて候

［□］
ツレ〽いかに誰《タレ》か御入《オンニ》り候、都《ミヤコ》
より夕霧《イウギリ》が参りたる由御《オン》
申し候へ《ソオラエ》

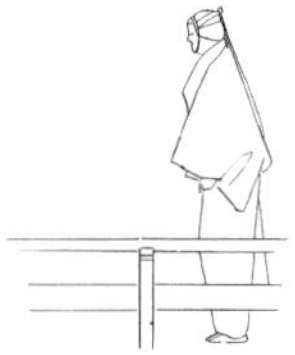

2

芦屋の妻の登場　妻（前シテ）が物思いに沈みながら登場する。シテは三ノ松で止まり、［サシ］を謡う。終わり頃ツレは一ノ松に立つ。

〔アシライ出シ〕　小鼓・大鼓の囃子が、リズムに乗らない静かな演奏を続ける中、前シテが心に愁いのある風情で姿を現し、三ノ松に立つ。

〔アシライ出シ〕

芦屋の妻

「鴛鴦の衾」に譬えられるような仲睦まじい夫婦であっても、共寝の夜具の中で朝には離ればなれになることを悲しむのだし、「比目の枕」のように常に枕を並べる夫婦でさえ、いつ波に隔てられるかという不安がある。まして二世という深い縁で結ばれた夫婦の仲であるはずなのに（「深き」は観世以外すべて「疎き」。「まして疎遠な私たち夫婦だから」の意で、こちらが本来の形）、来世はともかく現世でさえ離ればなれの辛さを忍ばねばならない。夫はどうか知らないが、私は夫を忘れることはなく、泣きの涙は袖から溢れ、涙の雨で晴れる間もない私の心よ。

3

夕霧と芦屋の妻の会話　夕霧（ツレ）の来訪を受け、妻（前シテ）は、無沙汰を詰り、都住まいを羨んで、薄情な夫を待つ我が身の不幸を嘆く。

宝生流は［問答］部分に異同が多いが、大意に相違はない。［上ゲ歌］「愚かなりける頼みかな」は金剛「愚かなりける心かな」。

［サシ］

シテ〽それ鴛鴦《エンノオ》の衾《フスマ》の下《シタ》には、立《タ》ち去《サ》る思ひ《イ》を悲しみ、比《ヒ》目《ボク》の枕《マクラ》の上《ウエ》には、波を隔《ヘダ》つる愁《ウレ》ひ《イ》あり、ましてや深き妹背《イモセ》の仲《ナカ》、同じ世をだに忍《シノ》ぶ草《グサ》、我は忘《ワス》れぬ音《ネ》を泣きて、袖《ソデ》に余《アマ》れる涙《ナミダ》の雨の、晴間《ハレマ》稀《マレ》なる心かな。

夕霧 夕霧が参りましたこと、どうかお取り次ぎください。

妻 え、夕霧ですって。取次ぎを待つまでもあるまい、こちらへお入りなさい。

（夕霧をつれて舞台に入り、着座）

どう夕霧、珍しくはあるけれど憎らしいわ。夫こそ心変わりしてしまわれたとしても、風に言づてでもよいのに、あなたまでどうして音信をくれなかったの。

夕霧 そうでございますね、すぐにも参りたくは存じましたが、ご奉公が忙しくて、心ならずも三年、都に滞在してしまいました。

妻 何ですって、都住まいを心ならずもだというの。思ってもごらん、たしかに、花の都にいて花盛りなど、慰めとなることが多い折々でさえ、辛い気持ちにもなるのが人間の心というもので

［問答］

ツレ〽夕霧《イウギリ》が参りたる由それそれ御《オン》申し候《ソオラエ》へ

シテ〽なに夕霧《イウギリ》と申すか、人までもあるまじ此方《コナタ》へ来《エ》り候《ソオラエ》へ、いかに夕霧珍《イウギリメヅラ》しながら怨《ウラ》めしや、人こそ変《カワ》り果《ハ》て給ふ《オ》とも、風の行方《ユクエ》の便《タヨリ》にも、などや音信《オトヅレ》なかりけるぞ

ツレ〽さん候《ゾオロオ》とくにも参りたくは候《ソオライ》ひつれども、御宮仕《オンミヤヅカ》への《エ》暇《ヒマ》もなくて、心より外《ホカ》に三年《ミトセ》まで、都にこそは候《ソオラ》ひ《イ》しか

シテ〽なに都住居《ミヤコズマイ》を心の外《ホカ》とや、思ひ《イ》やれげには都の花《ハナ》盛《ザカ》り、慰《ナグサ》み多き折《オリ》々にだに、憂《ウ》きは心の習《ナライ》ひぞかし

しょう。

地

田舎暮らしに飽き飽きしているのに、この秋が暮れれば、訪れる人となく、草木も枯れていく。その上途絶えそうだった夫との契りも絶えてしまった。私は、これからいったい何を頼りに生きていけば良いのか。

地

三度目の秋を一人で過ごすことが夢であればよいのに。夢ならば覚めれば終わるけれど、現実は辛い気持ちのままで、楽しかった思い出は体に染みついて残り、状況は昔とすっかり変わってしまった。

偽りのなき世なりせば如何ばかり人の言の葉嬉しからまし（『古今和歌集』恋、読み人知らず）という歌のとおり、嘘などあり得ない世の中ならば夫の言葉はどんなに嬉しいだろう。嘘を信じた私が愚だったのだ。まったく愚かなことを頼りとしたものだ。

［下ゲ歌］

地　〽鄙《ヒナ》の住居《スマイ》に秋の暮《クレ》、人目《ヒトメ》も草もかれがれの、契《チギ》りも絶え果《ハ》てぬ、何《ナニ》を頼《タノ》まん身の行方《ユクエ》。

［上ゲ歌］

地　〽三年《ミトセ》の秋の夢ならば、三年の秋の夢ならば、憂《ウ》きはそのまま覚《サ》めもせで、思ひ《イ》出は身に残り、昔は変《カワ》り跡《アト》もなし。げにや偽《イツワ》りの、なき世なりせば如何《イカ》ばかり、人の言《コト》の葉《ハ》嬉しからん、おろかの心やな、愚《オロ》かなりける頼みかな。

4

芦屋の妻と夕霧の会話　妻（前シテ）は、里人が打つ砧の音を聞き、自分も砧を打って心を慰めたいと言う。

各流小異は多いが、内容に大差はない。

妻　あら不思議だこと。なにかしら、あちらの方から物音が聞こえてきます。あれはなんでしょうね。

夕霧　あれは里人が砧を打つ音でございます。

妻　そういえば我が身の辛い境遇につけて、昔の物語が思い出されましたよ。唐土の国で蘇武という人が、胡国とかいうところに捨て置かれてしまったのだが、故郷に残しておいた妻子が、北方にいる蘇武が夜寒のために目覚めがちであろうことを心配して、高楼に上って砧を打つと、そのひたむきな心が通じた

[問答]

シテ〽あら不思議や、何《ナニ》やらんあなたに当《アタ》つて物音《モノオト》の聞《キコ》え候、あれは何《ナニ》にて候ぞ、

ツレ〽あれは里人《サトビト》の砧擣《キヌタウ》つ音《オト》にて候

シテ〽げにや我が身の憂《ウ》きままに、故事《フルコト》の思ひ出《イ》でられて候ぞや、唐土《モロコシ》に蘇武《ソブ》と云《イ》ひし人、胡国《ココク》とやらんに捨《ス》て置《オ》かれしに、故郷《フルサト》に留《トド》め置きし妻や子、夜寒《ヨサム》の寝覚《ネザメ》を思ひ遣《ヤ》り、高楼《コオロオ》に上《ノボ》つて砧を擣《ウ》つ、志《ココロザシ》の末《スヱ》通りけるか、萬里《バンリ》の外《ホカ》なる蘇武が

のか、万里を隔てた蘇武の旅寝に、故郷の砧の音が聞こえたということだ。
私も気が紛れるかも知れないと、淋しくてならないこの夕暮れ、綾織りの衣を砧で打ち、心を慰めようと思います。

夕霧　いえいえ、砧などは賤しい者のする仕事でございますよ。とは申せ、お心を慰めるためでございますなら、砧を拵えて差し上げましょう。

〔物着アシライ〕　笛・小鼓・大鼓による拍子に合わない見計らいの演奏。
シテは後見座にクツロギ、上着の右肩を脱ぎ、常座に立つ。ツレは地謡前に着座。後見が砧の作り物を幕から運び脇座先に据える。正面中央に据える場合もある。喜多では出さない。

5

芦屋の妻の詠嘆　妻（前シテ）は、夕霧（ツレ）

旅寝《タビネ》に、故郷《コキョオ》の砧聞《キコ》えしとなり、わらは《ワ》も思ひ《イ》や慰《ナグサ》むと、とても淋《サミ》しき呉服《クレハトリ》、綾《アヤ》の衣《コロモ》を砧に擣《ウ》ちて、心を慰《ナグサ》まばやと思ひ《イ》候。

ツレ〽いや砧などは賤《イヤ》しき者の業《ワザ》にてこそ候《ソオラエ》へ、さりながら御《オン》心慰《ナグサ》めん為にて候《ソオラ》は《ワ》ば、砧を拵《コシラエ》へて参らせ候べし

〔物着アシライ〕

ともども、砧を打つ。

〔掛ケ合〕最後の方でシテ・ツレは砧を挟んで座り、〔次第〕を謡い、シテは常座に立ち、ツレは地謡前に着座。〔一セイ〕以後、6段最後まで、シテは謡に併せて表意の動きをする。

〔掛ケ合〕の「馴れて臥猪」は宝生「馴れて臥す寝」、金春・喜多「馴れて臥すま」、金剛「馴れし臥すま」と諸流異同が多いが、「臥す猪の床」（寝床）という歌語を用いた場面である。「片敷く」は金剛・喜多「片敷き」。「諸共に」は他流「主従共に」。〔次第〕の「衣に落つる」は宝生「衣に落ちて」。「衣に落ちて」は下掛り諸流では「衣に落つる」。喜多では〔一セイ〕の後に〔イロエ〕が入る。

妻　さあそれでは砧を打とうと、慣れ親しんだ夫婦の床の上、

夕霧　今は一人そこに涙に濡れた袖を片敷いて、

妻　気持ちを宥める助けになるかと、

〔掛ケ合〕
シテ〽いざいざ砧擣《ウ》たんとて、馴《ナ》れて臥猪《フスヰ》の床《トコ》の上《ウエ》、
ツレ〽涙《ナミダ》片敷《カタシ》く小筵《サムシロ》に、
シテ〽思ひ《イ》を延《ノ》ぶる便《タヨリ》ぞと、

夕霧 夕霧も傍に寄り添い、二人一緒に、

妻 恨みを込めて砧を

夕霧（宝生・金春・金剛は妻、喜多は二人） 打つのだわ。

地 砧に掛けた衣に吹き落ちる松風が音を添え、衣に吹き落ちて松の音が聞こえ、夜寒になることを風が知らせているようだ。

妻（金剛は二人） 便りも途絶えがちな夫婦仲なのに、そのうえ「飽き」を連想せずにはいられない秋風が吹いて来て、

地 我が身の辛さを思い知らされる夕べだこと。

妻 遠くに居る夫も今宵の月を眺めていることだろう。

地 誰の夜であろうと月は区別せず平等に照らすのだし、それを眺めているのがどんな夫婦かなど

ツレ 〽夕霧《イウギリ》立ち寄り諸共《モロトモ》に、

シテ 〽怨《ウラ》みの砧

ツレ 〽擣《ウ》つとかや

［次第］

地 〽衣《コロモ》に落つる松の声、衣に落ちて松の声、夜寒を風や知らすらん。

［一セイ］

シテ 〽音信《オトヅレ》の、稀《マレ》なる中《ナカ》の秋風《アキカゼ》に、

地 〽憂《ウ》きを知らする夕《イウ》べかな。

シテ 〽遠里人《トオザトビト》も眺《ナガ》むらん、

地 〽誰《タ》が世と月はよも問《トワ》はじ。

問い質しはすまい。

6

芦屋の妻の詠嘆と擣衣《とうい》　妻（前シテ）は蘇武の妻に倣い、都にいる夫を想って砧を打つ。そうしているうちに季節はめぐり、秋の三月《みつき》が経過する。「砧ノ段」と呼ばれる6段は、漢詩や和歌で多く詠まれた、擣衣や七夕の故事、風が運ぶ音信《おとずれ》、秋の哀しみなどを織り交ぜて、夫への恋情を、叙情的に歌いあげている。特に［上ゲ歌］では、しりとりのように言葉が連鎖する連歌的手法を駆使して、作詞技法の粋を見せている。

本来は砧の前に座ったままで、言葉に合わせて写実的な所作を見せるだけの、謡の聞かせどころとして作られた見せ場であったと考えられるが、現在では前半から立って表意の動きをする。特に後半の［(クセ)］は、定型的な舞を見せる舞グセを応用した特殊な舞の見せ場となっている。［(クセ)］後半では、白楽天の詩「八月九月正長夜」を利用して、一気に晩秋へと季節が移行する。

［歌］の「秋の風の」は金春「秋の風も」、喜多「秋の風を」。［上ゲ歌］の「心せよ」は金春・喜多「心あれ」、金剛「心して」、他流一句繰り返し、金春は繰り返しから地となる。［（クセ）］の「ほろほろはらはらはらと」は、金春「はらはらほろほろほろ」。

妻 古来趣深いとされる頃おい。（金春は二人） 時節はまさに秋の夕暮れ時

地（宝生・金春・金剛は二人） 妻を求めて鳴く牡鹿の声も心にしみ、その声によって目に見えぬ山風が吹いてきたことを知らされた。どこの梢からか一葉が舞い散り、荒涼とした空にある冴えた月が、軒端の忍草に光を投げかけた。

妻（宝生は二人） すると忍に結ぶ露が玉簾を掛けたようにきらめく。このように不幸な状況に置かれて涙に暮れる私にとっては

地（宝生・金春は二人、金剛は妻） 心慰む景色だから、夜もすがら砧を打って想いを夫に伝えたいのだ。

［サシ］

シテ 〽面白の折《オリ》からや、頃《コロ》しも秋の夕《イウ》つ方《カタ》、

地 〽牡鹿《ヲシカ》の声も心凄《ココロスゴ》く、見ぬ山風《ヤマカゼ》を送《オク》り来《キ》て、梢《コズヱ》はいづれ一葉《ヒトハ》散る、空《ソラ》すさましき月影《ツキカゲ》の、軒《ノキ》の忍《シノブ》に映《ウツ》ろひ《イ》て、

シテ 〽露の玉簾《タマダレ》かかる身の、

地 〽思ひ《イ》を延《ノ》ぶる夜《ヨ》すがらかな。

地（宝生・金春は妻、金剛は二人、喜多は夕霧）

宮漏高低風北送

（宮中の水時計の針が高く上を指す夜更けとなって、風は北に変わり）

妻（金春は夕霧）

隣砧緩急月西傾（『新撰朗詠集』秋夜、具平親王）

（隣家で打つ砧の音が時にはゆったりと時には忙しく聞こえているうちに、月は西へと移っていった）

地

蘇武が捕らえられた胡国は北にあったが、私の夫は東方の都にいる。秋は西から来るのだから、どうか秋風よ砧の音を疎遠になっている夫のもとへ吹き送ってくれと祈りつつ、布目の粗い布を打つとしよう。

地（金春は妻）　夫の故郷である我が家の軒先の松も気をつけて、己が枝々に嵐を吹き残さないように。今打つ砧の音を運んで、あの方のもとへ風よ吹いておくれ。

［上ノ詠］

地　〽宮漏《キウロオ》高く立ちて、風北《カゼキタ》にめぐり。

シテ　〽隣砧緩《リンテンユル》く急《キウ》にして、月西《ツキニシ》に流る

［歌］

地　〽蘇武《ソブ》が旅寝《タビネ》は北の国《クニ》、これは東《ヒガシ》の空《ソラ》なれば、西より来《キタ》る秋の風の、吹き送れと、間遠《マドオ》の衣《コロモ》擣《ウ》たうよ《トオ》。

［上ゲ歌］

地　〽古里《フルサト》の、軒端《ノキバ》の松も心せよ、おのが枝《エダ》々に、嵐《アラシ》の音《オト》を残《ノコ》すなよ、今の砧の声添《ソ》へ《エ》て、君が其方《ソナタ》に吹けや風。

けれども松風よ、私の心が届いてその夢であの方に逢えるなら、あまりに強く吹きすぎて、夢を破らないでおくれ。破れた衣をだれも着ないように、途中で夢が覚めて心が通じなければ、夫は私のところに帰ってはくれないのだから。もし帰ってくれたなら、衣が何度でも裁ち直せるように、添い直したいものだ。それにしても夏衣のように薄い契りの怨めしいこと……。などと思わず、あの方の長命を祈るとしよう。秋の夜は長くて、こんな月の晩にはとても眠れそうにないから、さあさあ、衣を打ちましょう。

地

あの七夕の牽牛・織女の契りは、一年にたった一晩のかりそめの逢瀬なので、夜が明ければ天の川波が二人の間に立ち隔たってしまう。せっかくの逢瀬の甲斐もなく、まるで櫂のない浮舟のように行方の知れない恋路なので、梶の葉をこぼれる露のように脆くも落ちる涙で、二人の袖は萎れるにちがいない。天の川で露を宿すのは「水陰草」（水辺の草、和歌では天の川に生えるとされる。観世以外は「水かけ草」）だから、二人は「水

余《アマ》りに吹きて松風《マツカゼ》よ、我が
心、通《カヨ》ひて人《ヒト》に見ゆなら
ば、その夢を破《ヤブ》るな、破れ
て後《ノチ》はこの衣《コロモ》、たれか来《キ》て
も訪《トオ》ふべき、来《キ》て訪《トオ》ふなら
ば何時《イツ》までも、衣《コロモ》ハ裁《タ》ちも
更《カエ》へなん、夏衣《ナツゴロモ》、薄《ウス》き契《チギ》り
は忌《イマワ》はしや、君《キミ》が命《イノチ》ハ長き
夜《ヨ》の、月にはとても寝《ネ》られ
ぬに、いざいざ衣《コロモ》擣《ウ》たう《トオ》よ。

［（クセ）］
地 へかの七夕《タナバタ》の契《チギ》りには、一《ヒト》
夜《ヨ》ばかりの狩衣《カリゴロモ》、天《アマ》の川波《カワナミ》
立ち隔《ヘダ》て、逢瀬《オオセ》かひ《イ》なき浮《ウキ》
舟《フネ》の、梶《カヂ》の葉《ハ》もろき露涙《ナミダ》、
二《フタ》つの袖《ソデ》や萎《シヲ》るらん、水陰《ミズカゲ》
草《グサ》ならば、波うち寄せよ泡《ウタ》
沫《カタ》。

陰草」であるとも言える。それならば、泡沫の泡よ、波うち寄せて、二人を逢わせてやりなさい。

妻　その七夕の別れは七月七日の暁だったが、

地　八月九月、本当に長い夜を一人で過ごし、何千回も打った砧、その音に籠もっている憂いを、夫に知らせたい（「八月九月正長夜、千声万声無了時」『和漢朗詠集』擣衣。白楽天をふまえる）。月の色や風の様子、月影に映る霜までも、心に沁《し》みるこの季節に、砧の音は、夜嵐や、私の哀しみの声、虫の音に混じり合って、落ちる涙もほろほろはらはらはらと、どれが砧の音なのかわからなくなってしまった。

シテ〽文月七日《フヅキナヌカ》の暁《アカツキ》や、

地〽八月九月《ハチゲツキウゲツ》、げに正《マサ》に長き夜《ヨ》、千声萬声《センセイバンセイ》の、憂《ウ》きを人に知らせばや、月の色《イロ》風の気色《ケシキ》、影《カゲ》に置《オ》く霜《シモ》までも、心凄《スゴ》き折節《ヲリフシ》に、砧の音《オト》夜《ヨ》嵐《アラシ》、悲しみの声虫《ムシ》の音《ネ》、交《マジ》りて落つる露涙、ほろほろはらはらはらと、いづれ砧の音やらん。

7

芦屋の妻の死　都の夫から、この暮れにも帰れないという便りが届き、妻（前シテ）は失意のあまり病に伏し、そのまま死んでしまう。ツレが立って出、シテに向かって膝をついて話しかける。シテは深く嘆き、生きる気力が失せる様子を見せる。［上ゲ歌］が始まると立ち上がり、静かにゆっくり退場する。ツレは途中までシテに付き添い、「終に空しく」で泣き、［上ゲ歌］終了後、退場する。後見が砧の作り物を正先に据え直す。死に至る程の衝撃と死を描く場面である。死については写実的な動きが一切無く、謡の描写と演者の演技によって、観客の想像力を刺激する、まさに「能らしい」表現法を見せる場面である。
［問答］に小異がある。金剛では最後に「妻　何と此年の暮にも御下り有ましきと申か」が挿入される。［クドキ］の「偽りながら」は宝生・金春・喜多「偽りながらも」。「さてはや」は金剛「さては」。［上ゲ歌］の「虫の音の」は喜多「虫の音に」。「病の床に伏し沈み」は喜多ナシ。

夕霧　お取り次ぎいたします。都から使いが参りましたが、殿はこの年の暮れにも下向なさらないとのことでございます。

妻　なんて情けない。せめて年の暮れにはお帰りく

［問答］
ツレ〽いかに申し候、都より人の参りて候が、この年《トシ》の暮にも御下《オンクダ》りあるまじきにて候
［クドキ］
シテ〽怨《ウラ》めしやせめては年の

だされるかと、疑いながらも待っていたのに。それではもう本当に心変わりしてしまわれたのね。

暮をこそ、偽《イツワ》りながら待ちつるに、さてははや真《マコト》に変《カワ》り果《ハ》て給ふ《オ》ぞや

地 心変わりしたとは思うまいと、思い励ます気持ちも弱り果ててしまった。

[下ゲ歌]

地 へおもは《ワ》じと、思ふ《オ》心も弱るかな。

地 泣き声は枯れ野の虫の音とともに涸れ弱り、荒れ野の草の花のように心乱れ、ふと風邪かなという心地がして、そのまま病の床に付いたら、とうとう空しくなってしまった。

[上ゲ歌]

地 へ声《コエ》も枯野《カレノ》の虫の音《ネ》の、乱《ミダ》るる草の花心《ハナゴコロ》、風狂《キョオ》じたる心地《ココチ》して、病《ヤモオ》の床《ユカ》に伏《フ》し沈《シヅ》み、終《ツイ》に空《ムナ》しくなりにけり。

8

芦屋の下人の話と芦屋の某との会話　下人（アイ）は、これまでの経緯を物語り、芦屋が妻の死を悼んですぐに帰国し、これから弔いを行うのだと説明した後、近在の者に集まるよう触れを出す。芦屋（後ワキ）が登場する。袈裟を掛け、手に数珠を持っている。アイは芦屋に触れを出したことを報告する。ワキは砧はそのままにしてあるか尋ね、アイがあると

【中入】

[シャベリ・触レ]

答える。

流派により従者（ワキツレ）が登場する場合もある。

9

芦屋の某による供養　芦屋（後ワキ）は砧を前にして、妻の苦しみを思いやり、後悔する。せめて亡魂とでも語りたいと、梓弓を鳴らして霊魂を呼び出す。

ワキは砧の前に着座する。

［□］の「三年……妻琴の」は宝生「さしも契りしつまごとの、引き別れにし其ままにて」。「終の別れとなりけるぞや」は金剛「終の別れとなりけるかや」。喜多は［□］の替わりに［名ノリ］「これは芦屋の何某にて候、我訴訟の事候ひて、三年に余り在京仕り此頃罷り下り候所に、妻にて候者空しくなりて候程に、法事を為さばやと存じ候」が入る。その場合は前段のアイとの会話は省略される。また［上ゲ歌］も「二度《ふたたび》」の後が「帰りてかひも無き身ぞと、念の珠の数々に、彼の跡弔ふぞ有難き、彼の跡弔ふを有難き」に替わる。前述の

ごとく、喜多では砧は出されておらず、梓弓に掛けて霊を呼び出すことも言われない。

芦屋 なんと不憫な。妻は三年の時が過ぎてしまったことを怨んで、別れたまま死に、永遠の別れとなってしまったのだ。

芦屋 先立たない後悔を八千度も、百夜も繰り返し（「先立たぬ悔の八千度悲しきは流るる水の帰り来ぬなり」『古今和歌集』哀傷、閑院 をふまえる）、亡き人の魂が草葉の蔭から再び、帰ってくる道と聞いたので、梓弓の弦を鳴らして亡魂を呼び出し、末弭《うらはず》（弓の弦を掛ける上端部分）に寄りついた妻と言葉を交わすことにする。なんと哀れなことだ。

[□]

ワキ〽無慙《ムザン》やな三年《ミトセ》過ぎぬる事を怨《ウラ》み、引き別《ワカ》れにし妻《ツマ》琴《ゴト》の、終《ツイ》の別れとなりけるぞや

[上ゲ歌]

ワキ〽さきだたぬ、悔《クイ》の八千度《ヤチタビ》百夜草《モモヨグサ》、悔の八千度百夜草の、蔭《カゲ》よりも二度《フタタビ》、帰り来《ク》る道と聞くからに、梓《アヅサ》の弓の末弭《ウラハズ》に、言葉を交《カワ》はす哀《アワ》れさよ。

10

芦屋の妻の亡霊の登場　梓弓に惹かれて、亡霊（後シテ）が出現する。夫を恨みながら死んだために邪淫地獄に堕ち、獄卒に鞭打たれ、火炎に身を焼かれる苦しみを述べる。

シテは杖をつき、重い足取りで姿を現し、一ノ松で謡い出す。常座の場合もある。〔クリ〕を謡いながら舞台に入る。全体に表意の所作が入る。

〔下ノ詠〕の「しづみ果てにし」は喜多「沈み絶えにし」。「光を並べては」は他流「光を並べ」。「春をあらはし」は金剛「春をしらす」。〔クドキ〕の「乱るる心の」は金剛「乱るる心」。〔ノリ地〕の「叫べど声が」は金春・金剛・喜多「叫べど声の」。

〔一声〕　笛・小鼓・大鼓による、リズムに合った登場楽が重々しく演奏される中を、後シテが登場する。

登場楽を太鼓入りの〔出端〕にすることもある。宝生・金春・喜多では、通常が〔出端〕で演奏される。

芦屋の妻の亡霊

三途の川に沈んでしまって、水にうかぶ泡のように哀れではかない、我が身の行く末よ。

亡霊

墓標に植えられた梅は咲いて光輝く花の色を競い、娑婆世界の春そのものを表している。

〔一声〕

〔下ノ詠〕
シテ〽三瀬川《ミツセガワ》、しづみ果《ハ》てにし
泡沫《ウタカタ》の、あはれ《ワ》はかなき、
身の行方《ユクエ》かな。

〔クリ〕
シテ〽標梅花《ヒョオバイハナ》の光を並《ナラ》べては、
娑婆《シャバ》の春をあらは《ワ》し、

地 （観世以外は亡霊） 死後の道しるべとして点されている燈明は、

亡霊 極楽世界へと導く秋空の「真如の月」（闇夜を照らす月を悟りの象徴として捉える言葉）のように見える。

亡霊 そうなのだけれど私は、夫への執着が邪《よこしま》なほどに強すぎて、愛憎の想いが火となって胸を焦がし、日常の立ち居すらままならなかった報いで、死後も乱れる心が私自身を責めさいなむ。地獄の鬼阿防羅刹が鞭打つ笞の数々は、「打てや打てや」と隙も無く、しかも前世で砧を打った報いで、地獄でも砧を「打てや打てや」と責められる。なんと怨めしいことか……。

亡霊 この苦しみを招いた前世の妄執。

地 前世の妄執を思いかえして涙を流し、それが砧に掛かると、涙はかえって火炎となって我が身を焦がす。胸に燻《くすぶ》る煙からあがる焔に咽ぶので、叫ぶのだが声は出もしない。ここでは砧も音を

地 〽跡《アト》のしるべの燈火《トモシビ》は、

シテ 〽真如《シンニョ》の秋の月を見する。

[クドキ]

シテ 〽さりながら我は邪婬《ジャイン》の業《ゴオ》深き、思ひ《イ》の煙《ケムリ》の立居《タチヰ》だに、安からざりし報《ムク》いの罪《ツミ》の、乱るる心のいとせめて、獄卒阿防羅刹《ゴクソツアボオラセツ》の、笞《シモト》の数《カズ》の隙《ヒマ》もなく、打てや打てやと報《ムク》いの砧、怨《ウラ》めしかりける

[ノリ地]

シテ 〽因果《イングワ》の妄執《モオシウ》、

地 〽因果の妄執の、思ひ《イ》の涙《ナンダ》、砧にかかれば、涙《ナミダ》は却《カエ》つて、火焔《クワエン》となつて、胸の煙《ケムリ》の、焔《ホノオ》に咽《ムセ》べば、叫《サケ》べど声が、出でばこそ、砧も音

立てず、松風も聞こえず、獄卒の責める声だけが響き渡っている。なんて恐ろしいのだろう。

11

芦屋の妻の亡霊の訴え　妻の亡霊（後シテ）は冥界に迷う辛さを訴え、夫（後ワキ）への執心のためにあの世へ帰ることもできず、醜く面変わりしたことを恥じる。夫の不実を言い立てるなかで次第に気持ちが激していき、最後は夫に激しく迫って、冷淡さを詰る。

古歌や歌語を多用した長い謡と、それに合わせて写実的な所作を連続させた個性的な舞によって、シテの心情が克明に表現される。ワキはシテの動きに合わせ、迫り寄るところで、合掌する。

「移り行くなる」は金春・喜多「移り行くなり」。「離るまじや」は金春「かはるまじや」。「二世」は金剛「二夜」。「鳥獣も心あるや」は宝生「鳥獣も心あれや」、金春・金剛「鳥獣も心ありや」、喜多「鳥獣も心あり」。「げにまこと」は金剛「げにまさに」。

なく、松風《マツカゼ》も聞《キコ》えず、呵責《カシャク》の声のみ、恐ろしや。

地

屠所に引かれていく羊の歩みは遅く、物と物の隙を駒は一瞬で駆け抜ける。そのように時にはゆっくり時には素早く、人は六道の巷（天・人間・修羅・畜生・餓鬼・地獄の六つの世界）を廻り渡るそうだ。原因と結果が結びついて回っているという「因果の小車」に乗っている限り、燃えさかる「火宅」のような迷界から出ることはできないから、どんなに廻り廻っても、「生死の海」と言われるように深い海にも譬えられる苦しい生死の繰り返しから、離れられはしないだろう。人間界はなんと味気ない「憂き世」だったことか。

亡霊

怨みは葛の葉が裏返るように、

地

夫への怨めしさは繰り返し沸き起こってくるので、あの世へ帰ることも出来ない。執心のために醜くなってしまった私の面影を、僅かでも愛しい夫に見られるのは恥ずかしいこと。夫は、「夫婦は二世」だからあの世まで添い遂げようと契ってもまだ気が済まず、「末の松山千代まで」（「君をおきてあだし心をわが持たば末の松山波も越えなん」

［段歌］

地 〽羊《ヒツジ》の歩《アユ》み隙《ヒマ》の駒《コマ》、羊の歩み隙の駒、移《ウツ》り行《ユ》くなる六つの道《ミチ》、因果《イングワ》の小車《ヲグルマ》の、火《クワ》宅《タク》の門《カド》を出でざれば、廻《メグ》り廻《メグ》れども、生死《イキシニ》の海は離《ハナ》るまじや、あぢきなの浮世《ウキヨ》や。

シテ 〽怨《ウラ》みは葛《クズ》の葉《ハ》の、

地 〽怨みは葛の葉の、帰りかねて、執心《シウシン》の面影《オモカゲ》の、恥《ハヅ》かしや思ひ夫《オモイヅマ》の、二世《フタヨ》と契《チギ》りてもなほ《オ》、末《スヱ》の松山千代《チヨ》まで、かけし頼《タノ》みは徒波《アダナミ》の、あら由なや虚言《ソラゴト》や、そもかかる人の心か。

『古今和歌集』陸奥歌をふまえる）と、末の松山にかけて千代まで心変わりしないと誓ったのに、私が信じたのは空約束だったのだ。なんとばかばかしい、嘘ばかりの言葉。そもそもこれが人の心といえるのか。

亡霊（宝生・金剛・喜多は地）　烏という、大嘘つきの鳥でさえ、気をつけて言わないくらいの嘘をつく、

地　夫を正気の人と誰が言うものか（「烏てふ大嘘鳥の心もて現し人とは何なのるらむ」『俊頼髄脳』をふまえる）。草木でさえ花咲き実る時節を知っているし、鳥獣も心はあるだろう。いや本当に生前譬えにした、蘇武は渡り鳥の雁の足に手紙を結び、それが万里を隔てた南方の国にある故郷に届いたというのも、妻との契りを大切に思う気持ちが、浅くはないからこそであろう。あなたはどうして旅先に居て、私が秋の夜寒に風に託して衣を打ったのがわからなかったのか。せめて夢でなりとも、悟ってはくださらなかったのか、ああ怨めしい。

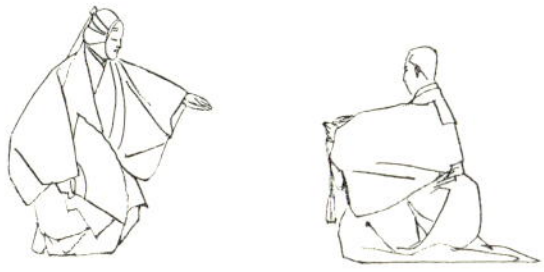

シテ〽烏《カラス》てふ《チョオ》、おほを《オ》そ鳥《ドリ》も心して、

地〽うつし人《ビト》とは誰《タレ》か言《イウ》ふ、草木《クサキ》も時を知り、鳥獣《トリケダモノ》も心あるや、げにまこと例《タトエ》へつる、蘇武《ソブ》は旅雁《リョガン》に文《フミ》を附《ツ》け、萬里の南国《ナンゴク》に到《イタ》りしも、契《チギ》りの深き志《ココロザシ》、浅からざりし故《ユエ》ぞかし、君いかなれば旅枕《タビマクラ》、夜寒《ヨサム》の衣《コロモ》うつつとも、夢《ユメ》ともせめてなど、思ひ《イ》知らずや怨《ウラ》めしや。

12

芦屋の妻の亡霊の成仏　夫（後ワキ）の法華経読誦による手厚い供養があって、妻の亡霊（後シテ）は成仏の機縁を得る。生前に砧を打った行為の中に、仏の道を思う心が混じっていたことも幸いした。

シテは謡に合わせて静に舞い、最後に常座で合掌して留拍子《とめびょうし》を踏む。

「幽霊」は金剛「妙音」。「これも思へば」は金剛「これを思へば」。

地　夫が法華経を読誦した功徳によって、幽霊は間違いなく成仏し、極楽へ行く道が明らかになった。これも思ってみれば、前世でふとしたことから打った砧の音の中に、仏法の花（法華）が開く機縁となる心持ちが混じっていて、それが極楽往生を遂げるための種となったのであった。

［キリ］

地　〽法華《ホッケ》読誦《ドクジュ》の力にて、法華読誦の力にて、幽霊《イウレイ》正《マサ》に成《ジヨオ》仏《ブッ》の、道明《アキ》らかになりにけり、これも思へ《エ》ば仮初《カリソメ》に、擣《ウ》ちし砧の声の中《ウチ》、開《ヒラ》くる法《ノリ》の花心《ハナゴゴロ》、菩提《ボダイ》の種《タネ》となりにけり、菩提の種となりにけり。

〈砧〉の舞台

観世流シテ方・河村　晴久

まず場面は京の都。九州芦屋の何某（前ワキ）が侍女夕霧（ツレ）を伴って登場し、短く状況を説明して夕霧に九州に下るように命じ退場する。夕霧は「この程の旅の衣の日も添ひて」（7頁）と道行《みちゆき》を謡いつつ数足歩み「芦屋の里に着きにけり」で斜め後方に進み芦屋に到着する。数足歩むことで長途の旅を表すのも能の常套手段である。さて夕霧は橋掛《はしがか》りに進み、揚幕《あげまく》に向かって呼びかける。直前に前ワキが退場したところであるが、今度は芦屋の里の本邸となり、中から留守を守る妻（前シテ）が現れる。舞台に入ると、そこは屋敷の中。華やかな紅入装束《いろいりしょうぞく》（赤い色糸を使った装束）の夕霧、対する地味な無紅装束《いろなししょうぞく》（赤系統のない装束）の妻。一方は華やかな都に暮らし若々しさを、他方は侘しい鄙に暮らし人生の秋をも感じさせる。静かな謡の中、妻は三年に及ぶ夫不在の悲しみを切々と説く。砧をうつ音を聞いた妻は、自らの想いとともにその音が夫に届けと、砧に向かう。物着《ものぎ》で妻は唐織《からおり》の右肩を脱下げて、常の姿から働く姿へと着方を変える。後見《こうけん》は装束を整え、また砧の作《つく》り物《もの》を舞台に据え置く。夕霧とともに砧をうつ妻の心の世界を、地謡が詩情豊かに謡い上げる。「宮漏高く」（18頁）の部分では、囃子の演奏もとまり、高く張り詰めた謡のみによって、澄み渡った緊張感を表す。二人して「ほろほろ、はらはらはら」（20頁）とうつ砧。今年も夫の帰宅の無いことを知った妻は、弱り果て、ついに亡くなる。妻を介錯する姿で夕霧が後ろにつき、二人して橋掛りを進み、「終に空しくなりにけり」と妻一人幕に入り、橋掛りに残った夕霧が正面を向いて片手で涙を抑えシオリの型をする。これだけで妻の死を表現する。

妻の死を知った夫（後ワキ）が急いで帰国し、供養を行うと、梓弓《あずさゆみ》の音に引かれて、妻の霊（後シテ）が現れる。執着ゆえの壮絶な地獄の苦しみを訴えるが、最後には成仏する。後半の囃子は、演出により笛、小鼓、大鼓の三種の楽器であったり、太鼓も加わる四種になったりする。「砧」は世阿弥の名作であり、深い詩的世界から、演者により、演出により、また流儀によって、いろいろな表現の世界が広がってゆく。

面《おもて》—泥眼《でいがん》。目の瞳の周りに金《きん》泥《でい》の彩色がしてある。悲しみ恨み憂い等の表情を含む。演出により痩女《やせおんな》なども使われる。

鬘《かづら》

摺箔《すりはく》—絹地の上に箔を摺付けて文様を表す。無紅《いろなし》の装束を着る場合は銀摺箔を用いる。

中啓《ちゅうけい》—先が銀杏《いちょう》の葉のように広がっている扇。無紅鬘扇《いろなしかづらおうぎ》を用いる。

白綾壺折《しろあやつぼおり》—白綾の小袖装束を腰の部分で折り込で着付ける。この着方を壺折《つぼおり》という。演出により無紅縫箔腰巻《いろなしぬいはくこしまき》の代わりに大口《おおくち》を着付ける場合、壺折の裾が大きく広がり、同じ装着法ながらずいぶん印象の違う姿になる。

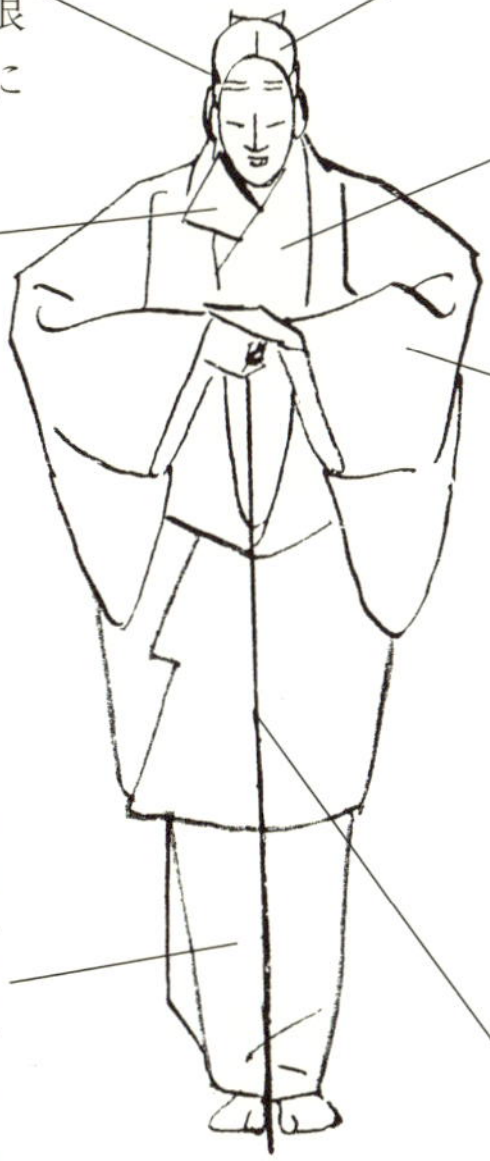

無紅縫箔腰巻《いろなしぬいはくこしまき》—赤系統の糸を使わない縫箔《ぬいはく》（金箔あるいは銀箔の上に刺繍をしたもの）の両袖に手を通さず、上半身を脱ぎ下げて腰に巻き付けてとめる。演出により、大口《おおくち》という袴をはくこともある。

杖《つえ》

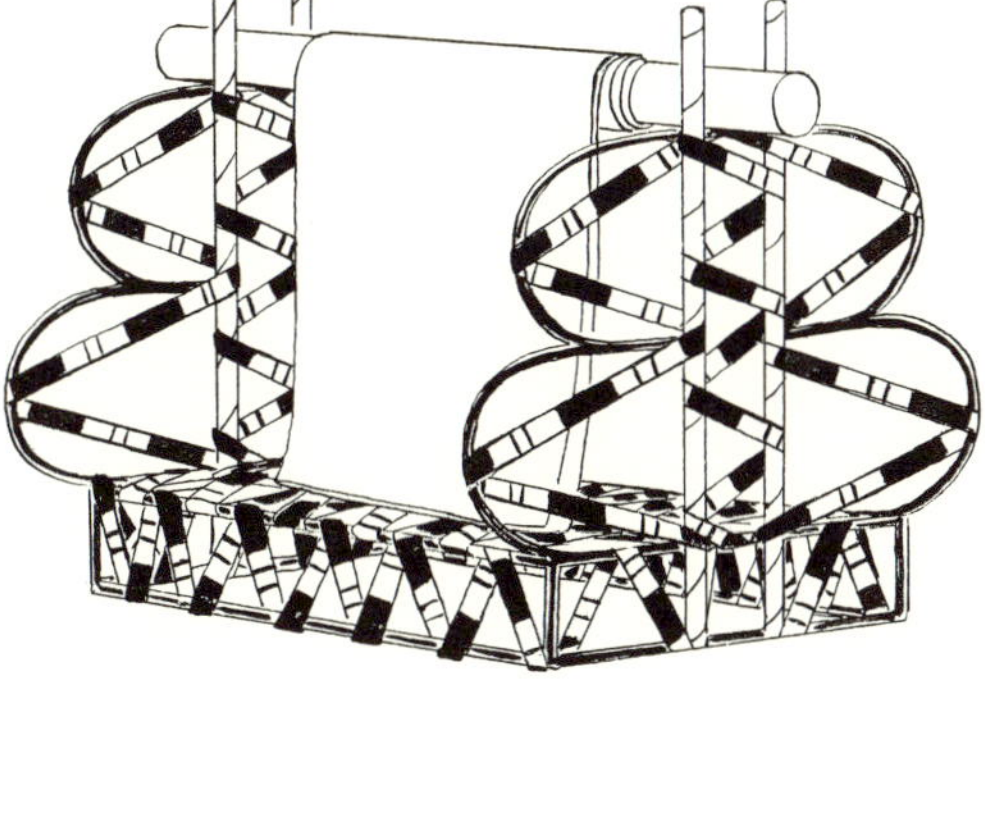

砧—竹で形を作り、紺緞《こうだん》の布をたすき掛けにさし渡す。白《しろ》水衣《みずごろも》を上の棒に巻く。

能の豆知識

シテ　能の主役。前場のシテを前シテ、後場を後シテという。

ワキ　シテ（主役）の相手役。脇役のこと。

ツレ　シテやワキに連なって演じる助演的な役。シテに付くものをツレ（シテツレともいう）、ワキに付くものをワキツレという。

間狂言《あいきょうげん》　能の中で狂言方が演じる役。アイともいう。狂言方の主演者をオモアイ、助演者をアドアイとよぶ。

地謡《じうたい》　能・狂言で数人が斉唱する謡。謡本に「地」と書いてある部分。地ともいう。能では舞台右側の地謡座と呼ばれる場所に八人が並び謡う。シテ方が担当する。

後見《こうけん》　舞台の後方に控え、能の進行を見守る役。装束を直したり小道具を受け渡しするなど、演者の世話も行う。

後見座《こうけんざ》　鏡板左奥の位置。後見をつとめるシテ方（普通は二人、重い曲は三人）が並んで座る。

見所《けんしょ》　能の観客及び観客席のこと。舞台正面の席を正面、舞台の左側、橋掛りに近い席を脇正面、その間の席を中正面と呼ぶ。

物着《ものぎ》　能の途中、舞台で衣装を着替えたり、烏帽子などをつけたりすること。後見によって行われる。

中入《なかいり》　前・後半の二場面に構成された能で、前場の終りに登場人物がいったん舞台から退場することをいう。

床几《しょうぎ》　椅子のこと。能では鬘桶《かづらおけ》（鬘を入れる黒漆塗りの桶）を床几にみたてて、その上に座る。

作《つく》り物《もの》　主として竹や布を用いて、演能のつど作る舞台装置。

〈砧〉のふる里

芦屋　福岡県遠賀《おんが》郡芦屋町《あしやまち》
JR鹿児島本線遠賀川駅からバスで15分
ワキは「九州芦屋の某」という設定だが、作者の世阿弥はそれ以上の場所を特定していない。芦屋町は遠賀川が響灘へ流れ入る河口にひろがる町であるが、この曲に関連する史跡はとくに見当たらない。

長専寺《ちょうせんじ》・八剣《やつるぎ》神社
福岡県遠賀郡水巻町《みずまきまち》立屋敷《たてやしき》
JR鹿児島本線水巻駅下車、徒歩18分
遠賀川の芦屋町の上流の水巻町立屋敷は、『筑前国続風土記』によると「昔流された王が此村に来て住んだ」ので、昔は館屋敷と記された。鹿児島本線と遠賀川が交わる東岸、長専寺・八剣神社の辺りに芦屋の富豪たちの屋敷があったと想定されている。

（編集部）

お能を習いたい方に

能の謡や舞、笛、鼓に興味をもたれたら、ちょっと習ってみませんか。どなたでも能楽師からレッスンを受けられます。関心のある方は、能楽堂や能楽専門店（檜書店☎03-3291-2488　わんや書店☎03-3263-6771　能楽書林☎03-3264-0846など）に相談すれば能楽師を紹介してくれます。またカルチャーセンターでもそうした講座を開いているところがあります。

■鑑賞に役立つ　能の台本／観世流謡本・金剛流謡本

観世流謡本（大成版）

謡本は能の台詞やメロディー、リズムを記した台本兼楽譜。江戸時代から数々の修正や工夫をかさねて現在の形になった。謡本には他に、作者・作品の背景・節や言葉の解説・舞台鑑賞の手引き・配役・能面や装束附なども掲載されていて、鑑賞のための予備知識を得るにはとても便利。また、一般の人が、能楽師について能の謡や舞を稽古する時の教科書でもある。

曲　目／『砧』他、二一〇曲
表　紙／紺地金千鳥
サイズ／半紙判（154×227ミリ）
用　紙／特別に漉いた和紙
製　本／和綴
定　価／各二〇八三円～二二六九円＋税

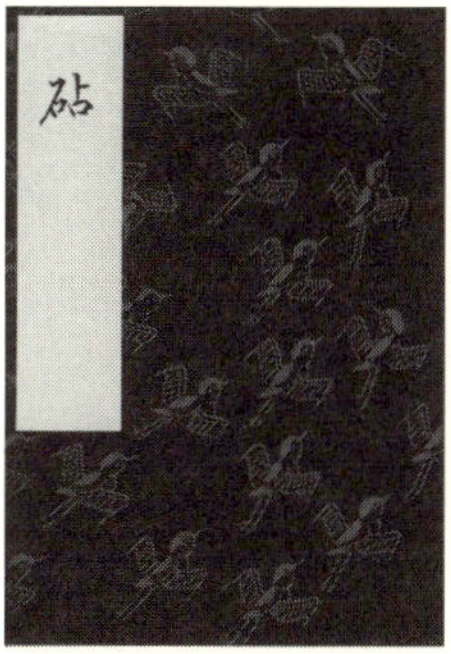

観世流謡本縮刷版

前記観世流謡本の縮刷版。古くより豆本・小本と呼ばれハンドバックやポケットに入り、携帯に便利であると愛用されている。

曲　目／『砧』他、二一六曲
表　紙／紺地千鳥
サイズ／B7判・定価／八一五円＋税